MALVAL

SES MONUMENTS, SES SEIGNEURS

BULLETIN
MONUMENTAL.

OU

RECUEIL

DE DOCUMENTS ET DE MÉMOIRES

RELATIFS AUX DIFFÉRENTES BRANCHES DE L'ARCHÉOLOGIE

PUBLIÉ SOUS LES AUSPICES

DE LA

Société française d'Archéologie pour la conservation
des monuments historiques

ET DIRIGÉ

PAR LÉON PALUSTRE

Tirage à part.

———

MALVAL

SES MONUMENTS, SES SEIGNEURS

PAR M. G. CALLIER

TOURS

IMPRIMERIE PAUL BOUSEREZ

5, RUE DE LUCÉ, 5

INTRODUCTION

La baronnie de Malval fut une seigneurie importante
de l'ancienne Marche et méritait, ne fût-ce qu'à cet
égard, de voir quelques lignes consacrées à l'histoire de
ses monuments et de ses seigneurs. Cette histoire n'a
jamais été faite, et nous ne nous flattons pas de l'avoir,
dans cette esquisse, retracée en entier. Notre but a été
d'en faire connaître les traits les plus saillants et de
dérouler, devant les yeux du lecteur, l'une des pages trop
peu connue de l'histoire de la Marche.

Cette province a eu son rôle important au moyen âge
et se trouve, cependant, presque généralement ignorée.
Les documents qui la concernent sont, pour la plupart,
inexplorés; beaucoup ont disparu, les autres, ceux qui ne
sont pas demeurés inédits, ont servi d'éléments à des
monographies disséminées un peu partout; il en a été
publié dans les mémoires de la Société des sciences naturelles et d'antiquités de la Creuse, dans ceux de la Société
historique et archéologique du Limousin, dans les
mémoires de la Société des antiquaires de l'Ouest, sans
parler, ni des nombreux articles insérés dans diverses

revues périodiques, ni des ouvrages généraux ayant trait au Bourbonnais, au Poitou, au Limousin, à l'Auvergne et au Berry, provinces dont relevaient administrativement certaines parties de la Marche. En particulier, Malval se trouvait dans la circonscription de la généralité de Moulins et de l'élection de Guéret. On sait, d'ailleurs, combien à cette époque les branches multiples de l'administration morcelaient le pays.

La commune de Malval fait, aujourd'hui, partie du canton de Bonnat (arrondissement de Guéret) et n'est éloignée d'Aigurande, la première ville de l'Indre que l'on rencontre de ce côté, que de onze kilomètres. Singulièrement déchue de son ancienne importance, cette commune qui, avec le titre de baronnie, fut possédée par des familles distinguées, ainsi qu'on le verra dans cette notice, n'a cependant pas perdu tous ses droits à l'attention de l'antiquaire et de l'historien, et, si son territoire est bien amoindri, il faut nous réjouir de ce que ses monuments subsistent assez entiers pour pouvoir être étudiés ; c'est donc leur description et leur histoire que nous nous proposons en écrivant cette monographie.

La nécessité d'observer l'ordre chronologique nous a forcé de diviser ce travail en plusieurs chapitres dont chacun traite un point spécial. C'est ainsi que nous avons dû nous occuper tout d'abord du prieuré, et glisser rapidement sur la maison de Chambon, qui fût la souche de celle de Malval, et indiquer quelques-uns des principaux actes des seigneurs qui fondèrent ce prieuré soumis à l'ordre de Cluny (1).

Nous ne saurions terminer cette introduction, qui nous semblait nécessaire, sans remercier notre collègue et ami particulier, M. Stéphane Berge, membre de la Société française d'Archéologie, et son père, qui ont bien voulu l'un et l'autre se charger de la mission délicate de photographier les deux charmants reliquaires dont l'héliogravure a été exécutée par M. Dujardin, l'inventeur bien connu d'un procédé que tous les artistes apprécient.

G. C.

Château de Villepréaux, le 7 février 1879.

(1) Ceci est indiqué clairement dans un acte de procédure fait le 11 août 1746· par « Dom Jean-Baptiste Comdidvinutier, prieur titulaire du prieuré de Malval, ordre de Cluny. »

MALVAL

(CREUSE)

SES MONUMENTS — SES SEIGNEURS

I.

LE PRIEURÉ.

Connue dès une haute antiquité, la maison de Chambon qui, par le mariage de Pétronille, fille d'Annet, avec Guy II, comte d'Auvergne, s'unit vers 1224 à cette importante famille, est l'une des plus illustres du pays. Étendant sa domination sur presque toute la Combraille, elle occupe, dans l'histoire de la province, une large place, et son souvenir ne saurait disparaître puisque constamment on en rencontre le nom dans nos annales; c'est ainsi que Bouillé (1) nous apprend « qu'en 1249 Jean de Chambon est mentionné dans un traité conclu entre le sire de Bourbon et le comte d'Auvergne ». Toutefois ces puissants seigneurs nous sont signalés surtout par leur générosité envers les établissements religieux, dont ils fondèrent ou enrichirent un certain nombre : par exemple, le mona-

(1) *Nobiliaire d'Auvergne*, édition 1847, t. II, p. 106.

stère de Bonlieu qui, en 1121, reçut d'Amelius la manse
de Mazerolles (1) et le prieuré de Felletin à la fondation
duquel contribuèrent, vers 1122, les seigneurs de Chambon (2). Ces pieuses libéralités ne sont, cependant, que les
faits isolés d'une plus vaste histoire, et déjà, en 1066, on
rencontre Amiel (ou Amelius) signant à Montluçon, le
23 juin, en présence de Richard, archevêque de Bourges,
un acte pour le prieuré de Saint-Denis de la Chapelle, en
Bourbonnais (3). Dès lors, est-il étonnant qu'à ce même
personnage et à son père Albert (ou Aubert) de Chambon,
qui fut probablement le premier seigneur de Malval et la
tige de cette branche, on doive la fondation d'un prieuré
dont Jouilleton parle en ces termes :

« Albert ou Aubert, fils d'Amelius, prend le titre de
prince de Combraille, dans l'acte de fondation du prieuré
de Malval, sous le règne de Henri Ier.

« Il avait épousé Dea, de la quille il avait eu un fils
déjà majeur en 1038 et appelé Amelius ou Amiel, et une
fille qui, mariée à Archambaud III sire de Bourbon, porta
dans cette maison une partie de la seigneurie de Combraille. Ce fut en l'année 1038, que du consentement de
son épouse ainsi que de son fils Amiel, Albert fonda le
prieuré de Malval, dans un territoire appelé Alpo, qui
s'étend jusqu'à la petite Creuse. La charte de fondation
s'exprime ainsi : Le monastère est mis sous la direction
immédiate de la Congrégation de Sainte-Valérie de Chambon. Les religieux n'auront d'autre seigneur, ni domina-

(1) *Gallia christiana,* édition Victor Palmé, t. II, col. 628.

(2) Abbé Roy-Pierrefitte : Prévôté de Chambon Sainte-Valérie,
p. 6.

(3) *Nobiliaire du diocèse et de la généralité de Limoges,*
t. II, p. 415.

teur, après Dieu et sainte Valérie, que le seul Albert et son fils Amelius, qui ont fait cette fondation, et le prieur que la Congrégation aura choisi. Nulle puissance, nulle personne du dehors ne pourra intervenir dans les affaires particulières de la maison, ni en avoir l'entrée, si ce n'est l'évêque de Limoges et les princes dudit Chambon. La charte est chargée de plusieurs seings, qui consistent en une S barrée après laquelle suit le nom. Ils commencent par celui d'Amelius, fils d'Albert; les sept qui suivent se trouvent sans nom. Viennent ensuite ceux de Willelme, fils de Rigaud de Chambon, de Foulques et Frinssui, d'Unebaut, d'Albert Bonafos, de Giraud Bailleul, d'Hugues de Rancurel, d'Airaud du Rastel, de Giraud de Nozil, de Giraud le Vieux de Villaclar, de Giraud, neveu dudit Villaclar, de Giraud de Balvac, d'Ebard Gard et d'Albert de Nozil. La charte est close par ces mots : *Stephanus scripsit* (1). »

Par ce document, malheureusement disparu comme tant d'autres et que l'auteur de l'*Histoire de la Marche et du pays de Combraille* a emprunté à Barailon, on voit quelles précautions les fondateurs de notre prieuré, l'un des plus anciens de la Marche, avaient prises pour assurer la prospérité de leur œuvre, qu'ils mettaient sous le patronage de sainte Valérie, afin, sans doute, de rappeler le souvenir de la souche dont ils venaient de former une branche nouvelle, et aussi parce que « le prieuré de Malval, dont le prévôt de Chambon avait le bénéfice, était possédé par un moine de cette abbaye (2) ». Il n'en était,

----

(1) *Hist. de la Marche et du pays de Combraille*, t. I, p. 375.

(2) Abbé Roy-Pierrefitte : *Ubi supra*, p. 10. Le Père Bonaventure de Saint-Amable (t. III, p. 309), ne fait pas figurer Malval dans sa liste des bénéfices qui dépendaient de Chambon.

en quelque sorte, qu'une annexe, et la congrégation y envoyait des moines auquel elle désignait leur prieur, ainsi qu'il est spécifié dans la charte, où se rencontrent deux erreurs qu'il est temps de rectifier : C'est à tort que le mot *princeps* a été, dans l'extrait cité, traduit par *prince;* il ne signifiait, à cette époque de notre histoire, que *Seigneur de terre de franc-alleu,* ainsi qu'a bien voulu nous le faire observer M. de Cessac; en second lieu, les seigneurs de Chambon, en général, et Amelius, en particulier, ne prenaient pas ce titre, ce qu'il est facile de vérifier (1).

Il est regrettable que la liste des ressources mises par les fondateurs à la disposition du prieuré de Malval ne nous soit pas parvenue; peut-être la prévôté de Chambon lui venait-elle en aide? il faut le supposer, car il ne nous semble pas avoir été jamais bien riche, tant nous paraissent faibles les revenus que nos recherches nous ont permis de lui connaître. Dans la paroisse de Linard, sa rente en argent, froment, blé, seigle et avoine, représentait une valeur de 183 livres, auxquelles s'ajoutent quelques poules, vinades et arbans que payaient plusieurs habitants, et le cinquième d'une dîme « nommée le grand denier (2), » que le seigneur tenait dans cette paroisse. Le prieur avait aussi un bois « d'environ deux cent stré qui valaient cent sols quand il était ensemencé de glands (3), » et un moulin sur la petite Creuse; mais le produit de ce

---

(1) *Gallia christiana*, édition citée : *Ecclesia Lemovicensis et inst. passim.*

(2) Acte d'hommage et dénombrement de la baronnie de Malval, 5 octobre 1591, ms.

(3) *Ubi suprà.*

dernier immeuble ne nous est pas révélé par le titre (1)
qui nous le fait connaître; toutefois, il ne devait pas être
élevé parce qu'à la même époque il y avait, assez rappro-
chés les uns des autres, plusieurs établissements de ce
genre.

A certaine période de son existence notre prieuré semble
pourtant avoir eu quelque accroissement de fortune alors
que, le 20 janvier 1611, Claude Dupuy, dame de Malval (2),
cédait et échangeait des rentes au nom de Mathurin Augier
et de Jacques Faure, tous deux désignés comme prieurs
de Sainte-Valérie de Malval (3); mais cette prospérité, dont
ensuite on ne retrouve plus la trace et qui était, sans
doute, le résultat de bienfaits dus à des seigneurs plus
sédentaires, ne fut probablement pas de longue durée et eut
certainement à souffrir de discussions qui amenèrent des
procès dont nous parlerons plus tard.

Si pécuniairement notre prieuré était, comme on vient
de le voir, d'une pauvreté presque évangélique, ses constructions ne sont guère plus riches au point de vue archi-
tectural, et ne se composent que d'un long bâtiment flanqué
d'une tour angulaire à l'extrémité d'un mur qui, percé de
baies rectangulaires, étroites et ornées de quelques moulures, regarde du côté de la rivière et voit, quant aux fenêtres, les mêmes dispositions reproduites à la façade opposée.
Cette première muraille se continue jusqu'à une tour où

(1) Terrier de 1575, ms.

(2) Fille de Georges Dupuy, seigneur du Coudray et de
Jeanne Raffin, née le 16 janvier 1542; elle épousa le 15 jan-
vier 1567, Louis Chasteigner, mort le 29 septembre 1595. (*Père
Anselme,* éd. 1712, t. II, p. 1665.)

(3) Archives de la Creuse : fonds des familles, E 52. Inventaire, série E, p. 9.

était l'escalier surmonté d'un appartement ; puis, après s'être un peu développée, elle forme près du cimetière un angle arrondi, et rejoint parallèlement à ce dernier parcours, où percée d'ouvertures elle ne monte plus qu'à quelques mètres, l'autre partie des constructions affectant dans leur ensemble la forme d'un carré long. La tour de l'escalier a conservé entière une porte à cintre légèrement surbaissé avec tores et moulures prismatiques s'élevant du sol et entourant un cartouche au milieu duquel est un écu armorié, qui va nous permettre de retrouver par qui fut construit cet édifice presque ruiné. Sur cet écusson figurent deux lions léopardés ; mais nous connaissons deux familles qui portent les mêmes armes, différenciées seulement par les émaux dont les hachures ne se voient pas sur la pierre : ce sont les Blanchefort : *d'or à deux lions de gueules passants l'un sur l'autre,* et les Naillac qui blasonnent : *d'azur à deux lions léopardés d'or l'un sur l'autre.* Il nous faut donc nous reporter aux généalogies de ces deux maisons et constater d'abord qu'il n'y a pas d'alliance entre la famille de Malval et celle de Blanchefort, tandis qu'au contraire « Pierre II de Brosse, baron de Boussac, seigneur de Sainte-Sévère et d'Huriel, qui avait épousé Marguerite de Malleval, fille de Louis, seigneur dudit lieu la Forest, Châteauclos, Aguzon et Janaillac, en eut plusieurs enfants au nombre desquels figure Jean Ier, qualifié seigneur de Malleval qu'il tenait de sa mère et qui épousa, le 20 août 1419, Jeanne de Naillac qu'il laissa veuve avec trois enfants en 1433 (1). » De cette courte filiation, on peut conclure que c'est bien Jeanne de Naillac qui construisit les bâtiments que nous avons décrits, qu'elle les

(1) Saint-Allais. *Nobiliaire universel de France*, édition Bachelin-Deflorenne, t III, p. 110.

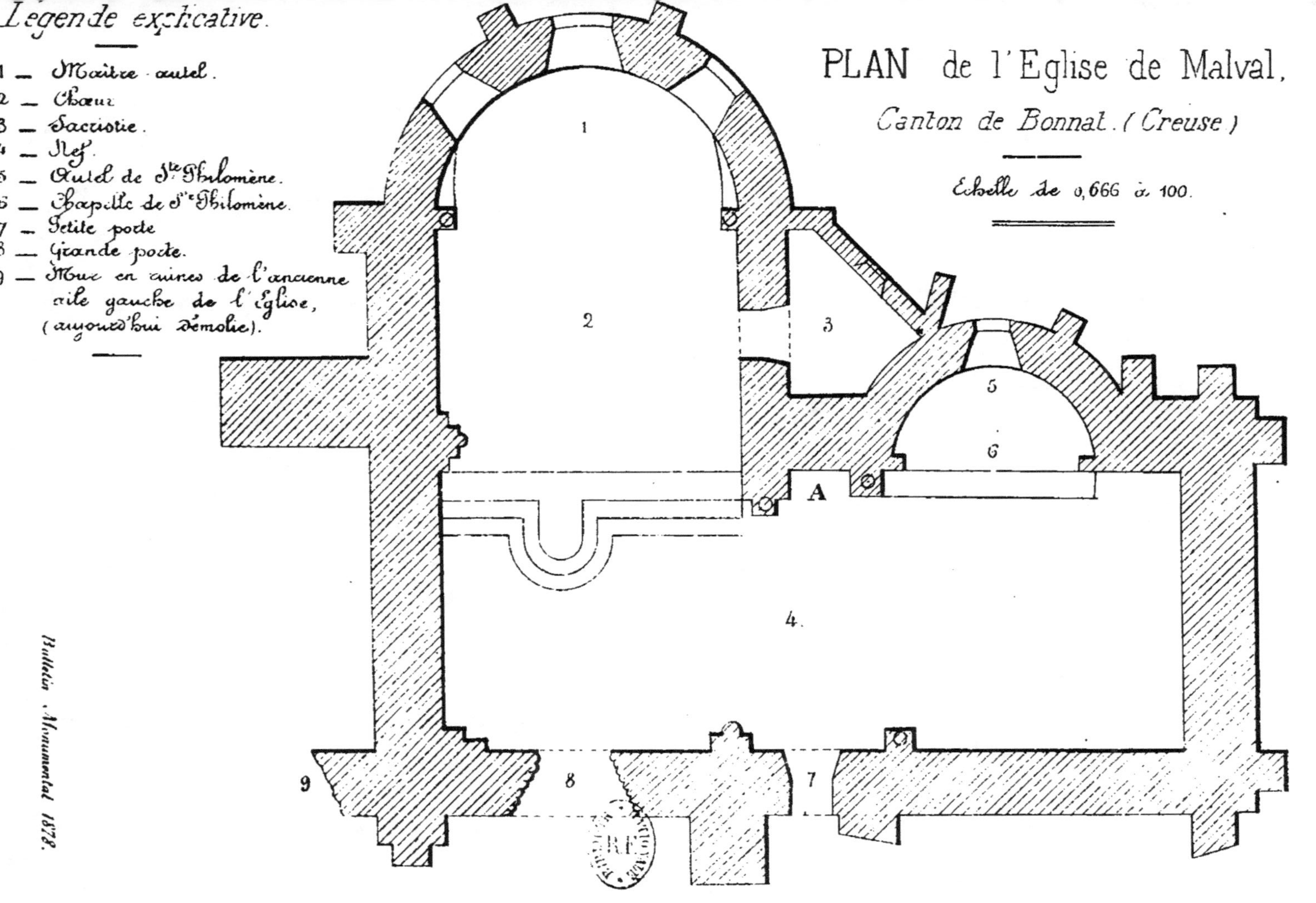

PLAN de l'Eglise de Malval.
Canton de Bonnat. (Creuse)
Echelle de 0,666 à 100.
Légende explicative.
1 — Maître autel.
2 — Chœur.
3 — Sacristie.
4 — Nef.
5 — Autel de Ste Philomène.
6 — Chapelle de Ste Philomène.
7 — Petite porte.
8 — Grande porte.
9 — Mur en ruines de l'ancienne aile gauche de l'Eglise, (aujourd'hui démolie).
Bulletin Monumental 1878.
A
1
2
3
4
5
6
7
8
9

fit édifier durant son veuvage et sans la participation de ses enfants, ce que semble indiquer l'absence des armes des de Brosse.

C'est donc au xv° siècle qu'appartient le prieuré de Malval (1), du moins en ce qui en subsiste à l'état de ruines encore bien conservées. Si nous l'avons décrit avant l'église, bien antérieure à cette époque, c'est parce que la date connue de sa fondation nous y a forcé pour établir un ordre chronologique. Nous aurions voulu pouvoir dire combien de moines l'habitaient, l'absence complète des documents qui nous l'eussent permis nous oblige à n'en point parler.

II.

L'ÉGLISE.

Pendant environ un siècle quelque chapelle établie dans les bâtiments du prieuré dut être le seul sanctuaire où se célébrait le service divin; et sans doute l'exiguité du lieu consacré inspira aux seigneurs de Malval la pensée de faire construire une église que M. Bonafoux, l'un des fondateurs de la Société des sciences naturelles et d'antiquités de la Creuse, a ainsi décrite : « Quoique l'église de Malval ait perdu un tiers de l'espace qu'elle occupait, elle est encore digne de fixer l'attention des antiquaires en ce qu'elle est toujours beaucoup plus large que longue, circonstance qui lui conservera, tant qu'elle restera debout, une physionomie toute particulière. Avant que sa partie droite

(1) C'est dans un appartement de ce prieuré que le 18 juin 1584 Loys de Poyenne rendit hommage, pour sa seigneurie de Mortroux, à Loys Chastaynier, baron de Malval.

eût été abattue, elle avait 25^{m}20 de largeur sur 13^{m}35 de profondeur. Ces 13^{m}35 doivent se diviser ainsi : 5^{m}35 pour le vaisseau principal qui forme un barlong ou parallélogramme tellement étroit qu'on pourrait le comparer à une plate-bande ; 5 mètres pour le chœur qui fait, pour ainsi dire, partie de l'abside centrale, et 3 mètres pour cette abside qui était accompagnée de deux absides latérales présentant la même profondeur.

« Le sol du second plan, qui comprend le chœur et les absides, étant plus élevé que celui du premier, on y monte à l'aide de trois fortes marches en granit, qui ont été établies aux dépens du pavé inférieur et qui occupent, dans toute la largeur, un espace de 35 centimètres au moins. La cella ou place réservée au public, n'a donc réellement que 5 mètres au plus de profondeur.

« Par suite de la mutilation qu'on a fait subir à cette église, elle se trouve réduite aujourd'hui à 16^{m}80 de largeur.

« Le vaisseau est simple ; on n'y saurait rencontrer de ces colonnes libres, lisses ou cannelées, qui forment les nefs et les bas-côtés dans les grandes églises ; sa voûte en plein-cintre était séparée en trois compartiments, dont l'un, celui du milieu, est traversé horizontalement par des nervures croisées en diagonale et qui sont interrompues, à leur point d'intersection, par une clef de voûte dans laquelle passent les cordes des cloches ; les deux autres étaient unis. Il était séparé du chœur et des absides par trois grandes arcades en plein cintre dont les retombées étaient appuyées sur des pieds-droits offrant des colonnes engagées et terminées par des chapiteaux romans historiés de figures et de moulures bizarres ; à la base d'une de ces colonnes, j'ai remarqué deux enfants placés assez grotesquement et qui semblent en supporter tout le poids.

« Sur la façade qui est tournée du côté du couchant, il y avait deux petites portes cintrées dont les intrados étaient chargés de mascarons disposés en chapelet, ornement qui rappelle le style bysantin. Le portail, placé entre ces deux ouvertures, est surmonté d'une voussure ogivale composée de tores arrondis dont les extrémités inférieures s'appuient sur des colonnettes accolées à des pilastres latéraux ; l'ogive est couronnée par un extrados à mascarons.

« Les deux côtés de l'édifice étaient éclairés par deux fenêtres cintrées dont la base présentait intérieurement plusieurs gradins figurés par des assises de maçonnerie en retraite ; à l'extérieur, il y avait un archivolte simple. On voyait deux ouvertures pareilles, moins les archivoltes, au-dessus des deux petites portes. La fenêtre située au-dessus du portail s'évase considérablement à l'intérieur, et sa forme extérieure est celle d'un carré oblong et étroit. Le second plan se compose du chœur, de deux absides latérales et d'une troisième qui tient la place du chevet. L'ordonnance architectonique de ces absides, qui regardent toutes les trois le couchant, au lieu d'être placées de manière à former un hémycicle parfait, comme cela a lieu ordinairement dans ces sortes de monuments, finit de donner à cette modeste église un caractère indélébile d'originalité. De chaque côté du chœur on avait pratiqué une porte de service qui établissait une communication avec le derrière du bâtiment et servait, à n'en pas douter, à faciliter la circulation des prêtres et des laïques qui les accompagnaient ; au-dessus de l'une d'elles, dans le mur de droite, on remarque une arcature en plein-cintre.

« L'abside principale est éclairée par trois fenêtres cintrées dont le bas offre, ainsi que celles dont nous avons déjà parlé, cinq assises de maçonnerie en retraite ; elles sont ornées, à l'intérieur, d'un gros tore à boudins qui figure très-faiblement un rudiment d'ogive et s'appuie sur deux colonnes à chapiteaux enrichis d'entre-lacs et d'autres moulures arabes. Les mêmes colonnes sont reproduites seulement à l'extérieur de la fenêtre du milieu qui est, en outre, surmontée d'un œil de bœuf de moyenne grandeur. Sa voûte est en plein-cintre et en forme de coupole, de même que celles des absides latérales qui recevaient chacune le jour par une fenêtre sans ornement.

« Si nous sortons du temple pour en étudier les parties extérieures, nous retrouverons, au-dessus des fenêtres des absides, les mêmes archivoltes que celles qui s'arrondissent au sommet des ouvertures latérales du vaisseau. Les absides qui se dessinent parfaitement bien en demi-cercle et dont les entablements sont surchargés de mascarons représentant des moulures grecques, des figures barbares, des têtes de béliers, donnent à ce petit édifice un air d'ancienneté qui plaît aux antiquaires et que l'on rencontre toujours dans les monuments religieux du XIIe siècle.

« La tour domine le compartiment central de la voûte, celui qui est consolidé par des nervures. Elle figure un octogone dont quatre pans sont plus larges que les autres. Il est de toute vraisemblance qu'elle a été détruite en partie, car elle ne conserve plus que 5 mètres environ de hauteur ; elle est éclairée au nord-est et au sud-ouest par deux fenêtres à arcades géminées, séparées par une colonnette, et sa toiture, qui ne représente plus sa flèche primitive, se termine en s'amincissant de chaque côté comme un toit ordinaire.

« Les murs de la façade et des flancs sont consolidés par des contre-forts assez épais et terminés en biseau. Il est à remarquer que sur un terrain où le schiste micacé se trouve interposé entre les roches granitiques du centre de la Creuse et le terrain jurassique du Berry, cette église est totale-

— 13 —

ment construite en granit taillé avec soin. Il a donc fallu
aller chercher dans l'intérieur du département des maté-
riaux choisis, tandis que l'on méprisait les pierres trop
tendres qui se trouvent sur les lieux et que l'on négligeait
le calcaire de nos voisins, pierre qui se taille facilement,
mais qui se détériore de même (1). »

La description que l'on vient de lire, quoique d'une
parfaite exactitude, est cependant incomplète : c'est ainsi
que M. Bonafoux a négligé de parler d'un tombeau adossé
au mur A du plan ci-joint, que nous devons à M. Picard,
instituteur public à Linard (Creuse), tombeau qui affecte
la forme d'un autel. Son flanc est orné à gauche d'un
calice, et à droite d'un cœur au-dessus duquel se voit un
écusson dont les contours accusent le XVIᵉ siècle, et sur
lequel figurent cinq fusées de... rangées en fasce. Sur
la tablette, l'épitaphe, dont nous n'avons pu lire que les
mots : CY GIST LEO DE NOBLET, encadre une croix sem-
blable à celle gravée sur une dalle tumulaire dont le dessin est reproduit par M. de Caumont (1), sauf qu'à la jonction des deux branches, il n'y a pas de couronne. Les armes
que donnent à la maison de Noblet les différents héraldistes
ne concordent pas avec celles que nous relevons sur le
tombeau de Léo, dont le nom ne se rencontre pas dans les
généalogies fort incomplètes, du reste, que nous avons pu
consulter; dans un chapitre subséquent, elles nous aide-
ront, avec d'autres documents, à connaître quelles circonstances ont amené cette famille à posséder une partie de la
seigneurie de Malval.

(1) *Mémoires de la Société Archéologique de la Creuse,*
5ᵉ Bulletin, 1845, pages 83 et suivantes.

(2) *Abécédaire (archéologie religieuse),* 1870, page 770
note.

Des deux portes établies de chaque côté du chœur, et dont parle M. Bonafoux, comme servant à la circulation du clergé et des fidèles, l'une donnait accès dans la sacristie, l'autre communiquait avec une chapelle ornée de boiseries et dans laquelle on inhumait, ainsi que l'indiquent les deux actes suivants (1) :

« Le 25 septembre 1762, Gabrielle Tournyol, décédée au château du Râteau, a été inhumée dans une chapelle appartenant aux Tournyol.

« Le 7 décembre 1762, Catherine Tournyol de Villevallais, fille de deffunt Anthoine Tournyol de Râteau, vivant conseiller et advocat du roy, et de deffunte Margueritte Mirebeau, est décédée âgée d'environ quatre-vingt-six ans ; elle a été inhumée dans une chapelle entourée de boizure, du côté gauche en entrant. »

La dernière sépulture qui fut donnée dans l'église de Malval est celle de Jeanne Peschant, de Saint-Martin, dont le corps fut, le 22 mars 1763, déposé sous les marches du chœur, du côté de la chaire.

Quant aux vitraux qui décoraient les fenêtres de notre curieuse église, il n'en reste pas même aujourd'hui un vague souvenir, et s'il faut en juger par un fragment découvert, il y a quelques années, dans un terrain occupé autrefois par la partie détruite de l'édifice, sous le prétexte au moins étrange qu'un tel sanctuaire était trop vaste pour une population de 154 âmes, ils ne sauraient être attribués à des artistes du plus grand mérite.

Telle a été, telle est aujourd'hui une église que les restaurations modernes n'ont pas respectée ; les chapiteaux,

____

(1) Registres de la paroisse de Malval aux archives municipales.

I

II

I CHÂSSE EN CUIVRE DORÉ, GRAVÉ ET INCRUSTÉ
D'ÉMAUX, À LINARD (CREUSE).

II ID. À MALVAL (CREUSE).

artistement fouillés, ont maintenant leurs sculptures masquées par un affreux lait de chaux dont la couche épaisse ne fait qu'un piètre honneur à ceux qui se sont rendus coupables de cette insulte aux œuvres de leurs devanciers.

III.

LES RELIQUAIRES.

§ 1. La Châsse.

L'église de Malval, dont nous venons de faire connaître l'architecture et qui est construite sur un plan original, ne semble pas avoir possédé jamais un grand nombre d'objets d'art et ne conserve, aujourd'hui, que deux beaux reliquaires.

La châsse a été décrite par M. Bosvieux, ancien archiviste de la Creuse, dans la *Revue archéologique,* où nous prenons son travail pour l'analyser (1) : « Le reliquaire de Malval affecte la forme sous laquelle se présentent invariablement les anciennes châsses émaillées. C'est un petit édifice rectangulaire à toiture aiguë, formé d'ais en bois de chêne sur lesquels sont appliquées, au moyen de petits clous à tête ronde, six plaques de cuivre doré et émaillé correspondant aux deux façades, aux pignons et aux côtés de la toiture. Chaque plaque est entourée d'une bordure componée d'émail violet foncé, presque noir, et

(1) Année 1859. Le dessin de notre reliquaire se voit à la planche 358.

d'émail rouge, au milieu desquels ressortent des sautoirs ou croix de saint André ménagés dans le cuivre et dorés. Le drame que l'artiste a voulu représenter est le martyre de saint Étienne. Saint Paul semble ici présider à la lapidation. Le futur apôtre, qui n'est encore que le païen Saul, est assis sur un fauteuil à l'orientale garni de coussins, d'une main il commande le supplice. Devant lui les meurtriers se livrent au massacre avec une ardeur et une rage qu'expriment leurs gestes. Au-dessus de saint Étienne, le bras de Dieu sort des nuages et s'étend vers lui. Dans ce tableau on voit un arbre dont le tronc, alternativement bleu et gris de lin, s'épanouit en une pomme d'ananas de toutes les couleurs. Sur la toiture l'acte de la glorification est figuré par un cercle au milieu duquel on voit saint Étienne; deux anges ailés le soutiennent et l'enlèvent dans les cieux, leur robe est bleue semée d'étoiles d'or. Les plaques des pignons sont occupées à droite par la figure de saint Étienne, à gauche par celle de saint Paul; tous deux ont le nimbe bleu rayonné sur la tête et le livre des Évangiles sur la poitrine.

« La partie postérieure du reliquaire est ornée exclusivement de fleurons à quatre feuilles, inscrits dans un carré d'émail alternativement vert clair et bleu foncé, et disposé, en deux rangs sur la toiture et en trois rangs sur la façade, au nombre de douze dans le compartiment supérieur et de vingt et un plus petits dans la plaque inférieure. Les lobes de ces fleurons, dessinés par un trait de cuivre dentelé intérieurement et rayonnant autour d'un disque ménagé dans le métal, sont remplis d'un émail de la même couleur que celui du carré, mais d'une nuance différente, qui se fond vers les bords dans une teinte plus douce. Ainsi, selon que le carré est bleu foncé ou vert clair, les fleurons sont bleu de ciel avec un liseré blanc ou vert foncé avec un liseré jaune. Chaque lobe est chargé d'une moucheture rouge dans le premier cas, noire dans le second.

« Dans deux cartouches de la façade principale on lit :

SAVLVS STEFANVS

Nous ne suivrons pas M. Bosvieux dans les considérations qu'il développe sur le mode de fabrication des émaux. Beaucoup et de bonnes études ont été faites sur les procédés employés par les artistes qui nous ont laissé de si beaux spécimens d'un art, hélas ! presque disparu et qu'ont tenté de faire connaître et l'abbé Texier (1), et Félix de Verneilh, et MM. Labarte, et du Sommerard. Nous nous bornerons simplement à examiner quelques-unes des interprétations de ce savant regretté, interprétations qui ne se rapportent qu'au sujet lui-même, à la lapidation de saint Étienne. Et, d'abord, nous ne pensons pas, tant cette scène se trouve souvent reproduite, que cette châsse ait été fabriquée tout exprès pour l'églisè dans laquelle nous la voyons ; au contraire, étant donné que saint Étienne est en quelque sorte le patron du diocèse de Limoges, puisque c'est sous son vocable que fut dédiée la première église, aujourd'hui la cathédrale, n'est-il pas permis de penser que là était, pour nos émailleurs, un motif naturel de reproduire de nombreux exemplaires de la mort du pro-

---

(1) *Bulletin monumental*, tome VI (1840), p. 49. M. Alfred Darcel s'en est également occupé dans une étude remarquable : *Recherches sur la peinture en émail* (*Rev. franç.*, t. VIII, p. 304-313, et 1 vol. in-4°. Paris, Didron 1876.) — *Annales archéologiques* de Didron : passim.

tomartyr dont le culte, à Rome, était aussi engrand honneur et que fêtent chaque année, le 26 décembre, bien des
églises de France. Il nous semble donc que M. Bosvieux
a été, peut-être, un peu exclusif en voulant admettre que
la reproduction de ce sujet a dû être, alors, rare dans
le commerce, tandis que les raisons que nous avons don-
nées concourent, ce nous semble, à démontrer qu'il en
était autrement. Nous n'en voulons pour toute preuve
que les châsses signalées par M. l'abbé Texier dans son
remarquable ouvrage, et celle de Saint-Étienne de Braguse,
qui est dessinée dans le *Bulletin monumental* (1). Sur cette
dernière, la victime, comme quelques-uns de ses bourreaux, porte le même costume que les personnages identiques sur le reliquaire de Malval, où saint Étienne est
tourné du côté de Saul, à qui il présente le dos sur le
panneau de M. l'abbé Poulbrière.

Un autre savant, M. Adrien de Longpérier, si nos
souvenirs traduisent exactement deux initiales qui se
trouvent au bas d'une courte lettre publiée par la *Revue
archéologique,* a fait remarquer combien il était illogique
de dire que le juge tenait (sur ses genoux, je crois) les
vêtements des bourreaux, et combien par une telle com-
plaisance les règles de la hiérarchie seraient blessées : le
texte des Actes des apôtres est, sur ce point, très-précis :
« et testes deposuerunt vestimenta sua secus pedes adolescentis qui vocabatur Saulus. »

Nous admettrons difficilement aussi que « sur la toiture l'acte de la glorification soit figuré par un cercle au
milieu duquel on voit saint Étienne; deux anges ailés le
soutiennent et l'enlèvent dans les cieux, leur robe est

____

(1) *Bulletin monumental,* 1875, t. XLI, 5° série, t. III,
pl. III.

bleue semée d'étoiles d'or, » parce qu'il nous semble que généralement la glorification se faisait par l'entrée au sein des élus; que le corps seul de la mère du Christ eut le privilége d'être transporté dans les cieux, et que c'est indubitablement l'âme de saint Étienne que l'émaillleur a voulu, par la forme décharnée qu'il lui a donnée, symboliser s'élevant avec l'aide des anges dans le séjour des bienheureux.

« Les plaques des pignons, dit encore M. Bosvieux, sont occupées à droite par la figure de saint Étienne, à gauche par celle de saint Paul; tous deux ont le nimbe bleu rayonné autour de la tête et le livre des Évangiles sur la poitrine. » Sans doute la figure de saint Paul, bien des fois reproduite et que nous ont transmise bien des peintures des catacombes de Rome, un médaillon en bronze conservé au musée du Vatican (1); nombre de bulles des Papes, et entre autres, une de Célestin III (2), sans doute, la figure de l'apôtre est bien connue et cependant se pose ici la question de savoir si c'est bien elle que l'émail nous a transmise. S'il en était ainsi, ce serait, il nous semble, presque une hérésie, puisque le livre est le principal attribut de l'apostolat et que personne n'ignore que du vivant de saint Étienne, celui qui devait ordonner son supplice ne pratiquait pas la foi chrétienne. Pourquoi donc l'émailleur lui aurait-il donné l'attribut des prêtres d'une religion dont il faisait périr les adeptes, et par quelle singulière pensée aurait-il comme établi un parallèle entre saint Paul converti et sa victime? Au con-

(1) Il est figuré page 247 de l'ouvrage : les *Catacombes de Rome*, par H. de l'Épinois. Paris, 1875.

(2) Chassant-Delbarre, *Dict. de Sigillographie*, pl. IV, fig. 1. Dumoulin, éditeur.

traire, le saint dont il s'agit a un air de jeunesse qui nous le ferait prendre volontiers pour le disciple bien-aimé, pour saint Jean, et c'est déjà une faute grave d'avoir figuré saint Paul converti avec les traits d'un adolescent; il est vrai que l'artiste ne semble pas avoir connu les historiens sacrés, puisqu'il a fait de Saul un homme déjà âgé au moment où il ordonne la mort de saint Étienne! Les textes sacrés ne disent-ils pas, en effet : « adolescentis qui vocabatur Saulus. »

Les observations que nous venons de faire ne portent, on le voit, que sur l'interprétation de certaines parties du tableau embelli par l'émail et dont la monographie, écrite par M. Bosvieux, ne saurait, dans son plus vaste ensemble, donner prise à une critique que seule a pu motiver une divergence d'opinion. Et d'ailleurs, en ce qui touche au point artistique, il est de toute justice de reconnaître que l'étude de l'ancien archiviste de la Creuse a été tracée de main de maître. S'inspirant de l'expérience acquise et des travaux de ses devanciers, il a su, en de courtes considérations suffisament étendues, résumer, même pour satisfaire les plus exigeants, l'historique d'un art auquel ont consacré de nombreuses veilles et de volumineux ouvrages les savants que nous avons nommés.

Quoi qu'il en soit, l'émail n'est pas la seule matière sur laquelle les artistes du moyen âge aient retracé le martyre du premier confesseur. En effet, de cette scène on connaît plusieurs représentations, par exemple une miniature du ixᵉ siècle (1), une gravure sur bois de la *Chronique de Nuremberg*, 1493 (2), et un tableau peint par Raphaël,

(1) *Menologium Græcorum*, t. II, fol. 60.
(2) Verso du folio 103.

dont le ciseau de Lafrery a reproduit la conception. Vers
1874, notre collègue, M. de Roumejoux, a découvert dans
l'église cathédrale de Cahors une fresque du xiv° siècle où
se voit également la lapidation de saint Étienne (1) et qui,
cependant, ne peut pas être comparée avec le tableau que
l'émailleur a placé sur le reliquaire de Malval, puisque
dans cette dernière composition, plus vieille d'au moins
un siècle, les personnages, au nombre total de cinq, vêtus
tantôt de bleu clair ou de bleu foncé, tantôt de vert, sont
mieux faits et montrent par des formes mieux propor-
tionnées une force qui manque aux six exécutants de
la fresque de Cahors où les couleurs, non plus, ne sont
pas les mêmes. En effet, le peintre n'a employé que le
rouge et le jaune. Sur notre châsse, saint Étienne, la tête
ornée d'un nimbe vert, porte une robe bleue pointillée de
jaune; sur la fresque, au contraire, son vêtement est la
robe blanche, costume habituel des martyrs. Mais à
Cahors, de même que sur notre reliquaire, une main
sortant dés nuages, au-dessus de la tête du confesseur,
symbolise le Fils de Dieu comme sur une tablette en
bronze doré, que donne Gori t. III, tab. XV (2). Sur
la fresque et dans beaucoup de représentations de ce sujet,
saint Paul assiste au supplice dont il donne le signal en
élevant l'épée, tandis que sur le reliquaire de Malval il
ne fait qu'étendre, avec un geste impératif, vers les meurtriers, sa main désarmée, ne se doutant guère alors que
lui, l'un des plus vaillants défenseurs du paganisme expi-
rant, il serait un jour converti sur le chemin de Damas,

(1) *Congrès archéologique* de Toulouse - Agen : 1874,
p. 416.

(2) Abbé Martigny, *Dictionnaire des antiquités chré-
tiennes*, éd. 1865, p. 230.

puis décapité pour confesser la foi nouvelle, en haine de laquelle il fait périr saint Étienne.

§ *II. Le Reliquaire.*

Nous venons de faire connaître la châsse pleine d'intérêt que possède l'église de Malval et qui est, on peut le le dire sans erreur, son unique et plus bel objet d'art. Il ne nous reste plus qu'à parler d'un reliquaire en bronze doré dont nous n'avons que peu de chose à dire, mais qui mérite, cependant, qu'on lui consacre quelques lignes. Il est monté sur un pied octogone, dont les pans légèrement cintrés se terminent par un rebord rabattu qui forme la base de ce petit monument. Chaque angle est occupé par un écusson inscrit dans un quatre-feuilles et qui, selon toute probabilité, est celui des donataires ; nous y relevons le blason : fascé de sept pièces de..... et de .... Mais, bien que cet écu soit en bon état de conservation, il est difficile d'en indiquer l'émail et, par conséquent, de dire à quel seigneur il est attribuable. Les mêmes armes ne sont répétées que deux fois ; ce n'est donc que de quatre écussons différents que l'orfévre a orné ce socle, du milieu duquel s'élève une tige hexagonale occupée aux trois quarts de sa hauteur par un renflement à six côtés, où l'on voit ramper des animaux aux formes de pure fantaisie. Au-dessus de cette saillie, la tige ressort et supporte une tour où l'artiste a imité la maçonnerie, en laissant à découvert des lignes de bronze qui coupent l'or et simulent des joints. Cette tour, percée de quatre ouvertures quadrilobées, servait de boîte à contenir les reliques et avait son sommet couronné de créneaux devenus rares aujourd'hui. Elle est surmontée d'une toiture très-aiguë couverte d'imbrications et terminée par une petite boule qui soutient une croix dont les branches finissent en fleur de trèfle.

NOTE SUR LE RELIQUAIRE DE LINARD.

Les vieux reliquaires émaillés sont un sujet trop attrayant, et les signaler est cnose trop nécessaire en ce temps de spéculation pour que nous ne négligions pas, lorsqu'elle se présente, l'occasion de faire connaître ces monuments que le commerce, cupide de gros bénéfices, surveille avec une attention constante. Nous devons surtout les faire connaître lorsque leur étude ne nous éloigne pas trop du sujet principal de nos investigations, et c'est cette pensée qui nous détermine aujourd'hui à dire aux lecteurs du *Bulletin monumental* quelques mots d'une intéressante châsse que possède, à deux kilomètres de Malval, la petite église fort peu curieuse de Linard-le-Pauvre.

Ce monument précieux mesure : en hauteur 0^{m}17, en longueur 0^{m}18, en profondeur 0^{m}08. Sa forme est celle que les artistes de cette époque donnaient toujours aux œuvres de ce genre : c'est un petit édifice couvert d'un toit à deux égouts ; comme le plus souvent, aussi, c'est sur un sujet tiré de l'Écriture sainte que l'orfévre a voulu exercer son talent, et cette fois, c'est l'adoration des Mages qu'il nous a mise sous les yeux.

Le tableau commence de gauche à droite sur le rampant de la façade, où l'on voit les rois Mages se diriger vers Bethléem.

Ils sont à cheval, et leur tête, qui est en relief, est

ceinte de la couronne royale. Sur leurs épaules flotte un manteau ; de la main droite ils tiennent les rênes élevées, et de la gauche ils semblent se montrer l'étoile qu'à l'inclinaison du bras on dirait les suivre et non les précéder : *et ecce stella, quam viderant in Oriente , antecedebat eos* (1).

Cette première partie du sujet est encadrée d'une bordure, formée d'un pointillé jaune sur azur entre deux liserés de la première couleur, et sur émail azur champlevé dans lequel l'or est incrusté.

Les chevaux richement caparaçonnés, mais de formes défectueuses et aux membres amaigris, qui les font presque ressembler à des pièces anatomiques, n'ont pas les têtes saillantes.

De chaque côté de la tête des rois et entre les jambes de leurs montures sont semés des besants, comme on dirait en langage héraldique, tantôt en or plein, tantôt en émail bleu ou vert, et dans ce dernier cas entourés d'un léger cercle jaune dentelé. Nulle part ne brille l'étoile qui, dans bien d'autres représentations ne figure pas non plus, notamment dans une gravure du *Menologium Græcorum* (ix° siècle) (2). Ajoutons encore que l'orfévre n'a pris nul soin de varier les traits des figures et que c'est le même type de physionomie qu'à trois reprises il a reproduit.

Sur le panneau inférieur, les mages sont placés debout, sous une arcature à plein cintre d'émail violet foncé rehaussé d'or, vis-à-vis de la vierge Marie. Cette dernière est assise, et sur sa tête est une couronne entourée d'un nimbe bleu clair, dentelé et liseré de jaune. Sur ses bras elle tient

(1) Saint Mathieu, chap. ii, ɣ. 9.
(2) Tome II, p. 57.

l'enfant Jésus également nimbé, et tous deux, ainsi que leurs visiteurs, qui ont à la main droite les vases où sont renfermées leurs offrandes, sont vêtus de pourpre ornée de broderies d'or. Les besants que nous avons déjà signalés sont répétés dans cette principale partie du tableau et disposés de la manière suivante : quatre à gauche et trois à droite de la Mère de Dieu, huit distribués de chaque côté du premier mage, six pour le second, huit pour le troisième. Une bande verte, lisérée de jaune et tracée à hauteur de la ceinture se prolonge de l'arcature sous laquelle est le troisième roi jusqu'à celle de la sainte Vierge.

Partout dans ce reliquaire, l'émail du fond est champlevé et de couleur bleu de ciel. Dans cette portion de la façade, l'encadrement, en haut et en bas, est formé du métal lui-même agrémenté de petites lignes d'or; aux angles, c'est simplement une petite torsade nuancée de bleu clair et de blanc.

Chacun des pignons est occupé par un apôtre, pieds nus et le livre des Évangiles sur la poitrine. Il est vêtu comme les autres personnages, et placé dans un médaillon ovale, à contour jaune, dans lequel est répétée deux fois la bande verte précédemment signalée et accompagnée, cette fois, de fleurs qui retombent. Ces apôtres ont la tête nimbée de bleu clair, liséré de jaune; mais elle n'est pas en relief.

La face opposée à celle que nous avons décrite ne présente aucun caractère particulier d'ornementation; elle est coupée de lignes vert clair qui, en se croisant à angle droit, forment vingt-cinq carrés dont dix sur le rampant, où ils sont de plus grande dimension. Tous en contiennent un second bordé d'or et dans lequel est inscrit un fleuron liséré d'un trait jaune d'or et d'émail alternativement bleu et vert. De ce côté, l'encadrement est celui du reliquaire de Malval, aussi cette similitude presque parfaite nous dispense-t-elle d'en faire le détail ; disons seulement qu'au sommet de la toiture du précieux trésor d'orfévrerie de l'église de Linard règne encore la galerie de cuivre découpé, au milieu et à chaque extrémité de laquelle se trouve une petite boule d'émail bleu.

IV.

LE CHATEAU.

Que l'on étudie les vieux châteaux français au point de vue militaire, ou qu'on les examine par rapport aux progrès de l'art de la guerre et en considérant la marche des mœurs et institutions féodales, dans l'une comme dans l'autre de ces alternatives on trouve un intérêt toujours croissant à faire, en quelque sorte, l'autopsie des trop rares forteresses encore debout et à rechercher dans chacune de leurs parties l'influence de l'époque où elles furent élevées ; celle de Malval offre à l'archéologie un attrait tout particulier, que nous nous efforcerons, dans cette courte monographie, de faire ressortir.

Bâti sur un terrain absolument propre à la défense, Malval ne tenait cependant pas toute sa force des escarpements sur lesquels s'élèvent encore aujourd'hui ses ruines. Les constructeurs de ce château n'avaient, en effet, pas négligé les précautions qui pouvaient le garantir de toute surprise ; et c'est surtout là où le sol le protége le moins, du côté du bourg, que les plus grands soins avaient été apportés à le couvrir de murailles.

La forteresse est située entre le pied·de côtes, à l'aspect
sauvage, et la petite Creuse, qui coule à l'opposé de ces
roches dénudées : elle s'élève sur un rocher taillé à pic et
domine d'une dizaine de mètres le lit de la rivière. Sur le
plateau se dresse la partie la plus importante des constructions dominée par un mamelon que protége une tour
éventrée, un fort extrême d'environ vingt mètres de hauteur, auquel le langage du pays a donné le nom de *guérite*,
qui lui a été conservé par les ingénieurs du cadastre.
Extérieurement cette tour est ronde, mais son intérieur
est à cinq pans coupés et n'avait que deux étages, dont le
premier seul est percé d'une meurtrière rectangulaire,
regardant le bourg auquel faisait face une porte garnie
d'une herse et reliée, par un mur de quarante mètres de
parcours, à la tour que nous venons de décrire. Cette porte
mesure 2ᵐ50 de largeur et six mètres sous sa voûte à
plein cintre. Elle sert de base à une tour dont il ne subsiste
qu'un faible fragment éclairé, à sa naissance, d'une meurtrière. Une courtine, longue d'environ treize mètres, la
rattachait à une tour d'intérieur, carrée, haute de qua-
rante-trois mètres, large de cinq, défendue par deux
meurtrières et qui avait trois étages ajourés de fenêtres
très-étroites, très-basses au dehors, larges et élevées au
dedans. Une muraille de quinze mètres de longueur,
percée d'une porte à herse, dans son angle de jonction,
fermait une cour de 15 mètres sur 16ᵐ90, comprise
entre elle et le donjon, et allait rejoindre l'autre mur qui,
descendant de la guérite parallèlement à celui dont nous
avons parlé, rattachait du côté de la rivière ce fort extrême
aux autres constructions (1).

(1) Les deux murs venant de la guérite passent sur un pont
à plein cintre, formé de claveaux alternativement dans le sens

Dans le donjon, dont la façade est tournée vis-à-vis de la guérite, on pénètre par une porte en tiers-point au-dessus de laquelle est placée une fenêtre à cintre très-légèrement surhaussé et voisine d'une cheminée dont la tablette, ornée d'une moulure, est soutenue, à chacun de ses angles, par une petite colonnette corinthienne engagée. Quatre fenêtres rectangulaires laissent pénétrer le jour dans ce bâtiment où elles sont très-évasées. Elles sont tournées généralement du côté de la rivière, et c'est aussi de ce côté que se trouve le seul mâchicoulis qui le défendait. Signalons à son centre une meurtrière en forme de croix, analogue à celles des créneaux des châteaux de Beaucaire (1) et de Chamborant. Ce dernier, nous espérons le faire bientôt connaître aux lecteurs du *Bulletin*.

Deux courtines parallèles et longues de 4ᵐ50 rattachaient le donjon de Malval à une grosse tour de sept mètres de diamètre qui, située à l'opposé de la guérite, ne s'élève plus qu'à cinq mètres et n'est éclairée que de deux meurtrières ouvertes sur le bourg et sur la rivière.

Tel est, dans son ensemble, ce vaste château assurément bien digne d'être visité et déjà fort bien décrit en 1865, par M. Pierre de Cessac, qui l'attribue au XIVᵉ siècle(2), époque où, à la requête de Pierre de Brosses, qui en était alors seigneur (3), il fut décidé en août 1405, par

de la hauteur et dans celui de la largeur, et qui couvre un chemin aboutissant à la rivière. Ces deux murs et celui de quinze mètres n'existent plus ; c'est l'aspect seul du terrain, étudié avec le plus grand soin, qui nous les a révélés.

(1) René Ménard : *Histoire des Beaux-Arts*, édition 1875, p. 252.

(2) Congrès scientifique de Guéret, 1865. Imp. Dugenest, 1 v. in-8, p. 47.

(3) On verra, dans la seconde partie de ce travail, comment

lettres du duc Jean, datées de Paris et ratifiées en août 1406, par Charles VI, que désormais Malval relèverait du duché de Berri, comme toutes les autres seigneuries qui dépendaient de Boussac (1).

Malgré les murailles dont nous avons montré qu'il était couvert, Malval eut à souffrir, en 1679, pendant qu'il était tenu par la maison Bertrand, l'occupation de soldats qui n'étaient pas ceux de son propriétaire, Gabriel Bertrand, alors en procès avec Claude Bertrand, seigneur de Ville-buxière, qui avait fait saisir la terre de Malval. Cette affaire nécessita une descente de justice dont nous trans-crivons le procès-verbal.

« Et aduenant le lendemain dixiesme juillet 1679, nous lieutenant par⁰ʳ susd assis^té du procur. du Roy et Jacques Regnaud et François Bouttand nostre huissi^r, ce requérant ledit Villard parent de François Rochon (somes?) partis de lad. ville de Guéret, lieu de nostre résidance, sur les cinq heures du matin, pour le mintien de nostre ord⁰⁰ du jour dhuict et estant arrivés au bourgt de Bosnat auons mis pied à terre au logis du sieur (Cherchept?), hoste ou ledict Villard auroit comparu en personne assisté dud. Rochon, lequel nous a exposé ne pouuoir jouir du..... desd. seigneuries de Malleual et de Beauuais a luy adjugées, faute d'auoir retraicte sur les lieux et d'auoir les tiltres ou lieues concernant les droicts et deuoirs desd. seigneuryes nayant peu entrer dans le chastel de Malleual quelque sommation quil aye peut faire aux personnes qui se sont trouuées dedans suiuant qu'il paroist par les procès. . . . .

la maison de Brosses et quelques autres familles vinrent à pos-séder Malval.

(1) *Ordonnances des rois de France*, t. IX, p. 94.

. . . . et ses assistances du jour dhuict
sur les lieux ce quy luy a obligé et requis nostre trans-
port sur les lieux et dusieur procureur du Roy pour le
mettre en pocession de ses maisons et seigneuryes dudit
Malleual et Beauuais et droicts et dépendances et dressé
procès verbal de lestat dycelles et ce quy se trouuoit
dedans afin qu'on ne le puisse rendre responsable alafin
de son bail de ce qui aura esté mis es sa garde par pro-
testation que ou il ne jouira paisiblement des fruicts et
revenus desd. seigneuryes de nestre responsable ny. . .
. . . . Le prix dud. bail et de répéter toutes
ses deppance, doumages, interest, contre qui et aussy
quil appartiendra faire desroger aux plaintes quil nous
(adresse?) auxquelles il persiste et a requis que nous ayons
de proscedder à l'audition des tesmoingts quil nous pro-
duira pour la preuue des faicts contenues ausd. plainctes
et de ce que il a pris que ceux qui se sont emparés dud.
chasteau de Malleual ont rompus plusieurs meubles qui
estoit dans ycelluy et ont faict brusler les prisses pour en
hoster la cognoissance dont et dequoy nous aurons des-
chargé acte aud. Villard pour luy servir et valloir ce que
de raison et ord^{né} que nous nous transporterons présante-
ment audit lieu et chastel dud. Malleual et pour lexecution
de nostre ordonnance est refaict droict sur les remonstrances
dud. Villard ainsy qu'il appartiendra et auons signé
auecq le procureur du roy Ledit Villard, Rochon et Bout-
taud et le commis de nostre greffier et dhuement controllés
ce jourdhuict en ce lieu de Bosnat par Meusnier à ce présent et mis en nostre greffe. Bonnet, Bourgeois procureur
du Roy, Reynauld, comis du greffier, Boutaud, Villard,
Rochon (1). »

(1) Le dossier de cette affaire se trouve aux archives de Gué-

Plan de l'ancien Château seigneurial de Malval

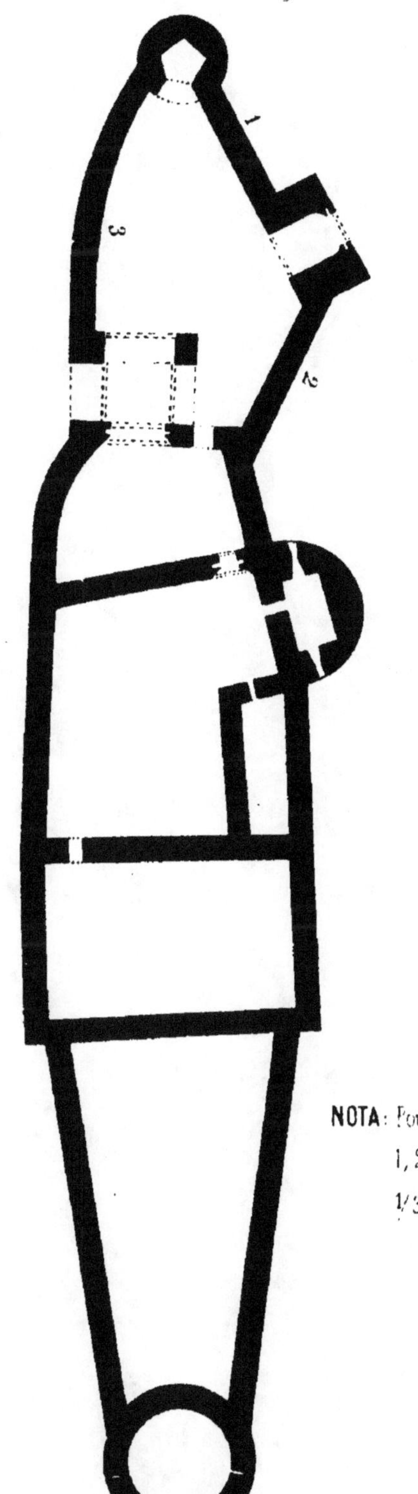

Échelle
de ⅙ de centimètre
par mètre

NOTA: Pour la longueur des murs
1, 2, 3, l'échelle est de
⅓ de millimètre par mètre

Par ce document qui fait partie d'un dossier que nous espérons transcrire *in extenso*, on peut voir combien fut néfaste à notre vieux château, une rivalité de famille qui dégénéra en une discussion armée assez inattendue pour que Claude Bertrand et ses adhérents pussent s'emparer de la forteresse faiblement défendue.

Cette occupation ne fut cependant pas le plus grand malheur réservé au vieux château : c'est au XIX\ siècle qu'il appartenait de voir ses fondations ne pas céder à la mine allumée par la main d'un homme dont on ne peut nier l'intelligence et qui laissa en ce monde le souvenir d'une vie bien remplie. Cet homme, cependant, et parce-qu'il s'était rendu acquéreur d'une grande partie de la châtellenie de Malval, avait pensé annexer à son domaine la plus large part des biens communaux, que la sinistre Révolution avait attribués aux communes voisines : dans ce but, il forma intervention dans un procès, mais, au dernier moment, renonça à ses prétentions. Quel contraste frappant entre cette ambition et cette manière de traiter de grandes et belles ruines! Est-ce un assez mauvais emploi de l'intelligence? est-ce assez de vandalisme ?

V.

§ I. *Seigneurs issus de la maison de Chambon.*

Dans la première partie de cette notice, que nous aurions voulu donner plus complète si les documents ne nous avaient, sur certains points, totalement manqué, nous

ret, où il est coté E 71. Inventaire fonds des familles, série E, p. 12.

avons fait connaître, avec quelques particularités historiques, les monuments intéressants qui couvrent la petite
commune de Malval dont la population n'est aujourd'hui
que de cent cinquante-quatre habitants. Cette première
partie de notre tâche étant accomplie, il nous reste à
indiquer quelles familles ont eu cette seigneurie et les
faits les plus saillants accomplis pendant qu'elles en
eurent la possession.

Sur les premiers seigneurs, ceux que l'on croit issus de
la maison de Chambon, qui fondèrent le prieuré en 1038,
l'histoire est presque muette et les documents manuscrits
d'un silence qui désole; aussi ne nous sera-t-il possible
d'en dire que bien peu de chose. C'est ainsi que pendant
plus d'un siècle, de 1038 à 1140, leur nom ne se rencontre même plus; mais à cette dernière époque, fidèles
aux convictions religieuses et aux sentiments pieux qu'ils
avaient manifestés cent ans plus tôt, ils fondent le monastère de Pré-Benoît.

« Pratum Benedictum Beatæ Mariæ, dit le *Gallia
Christiana* (1), prope Creusam fluvium conditur a topar-
chis de Maleval anno 1140 et dotatur a vicecomitibus de
Bruciæ. » C'est ainsi que les seigneurs de Brosses, Sainte-
Sévère et Huriel, barons de Boussac, qui s'unirent à ceux
de Malval par un mariage (2), s'étaient déjà associés
à leurs œuvres en dotant leur monastère de Pré-Benoît,
auquel Aubert (de Malval) concéda une terre en 1223 : cette
libéralité fut pour lui l'occasion de confirmer celles de ses
prédécesseurs et notamment de son père Guillaume (3). La
Charte par laquelle il fait cette concession débute : « Ego

---

(1) Édition Victor Palmé, t. II, col. 632.
(2) *Bulletin monumental*, 1878, 3ᵉ livraison, p. 250.
(3) Le nom de sa mère n'est pas connu.

Aubertus dominus de Malla valle », et se termine « datum apud Mallam vallem mense februario anno gracie millesimo ducentesimo tertio (1). »

Mais puisque nous avons parlé de Pré-Benoît, dont il n'est pas dans notre intention de refaire l'historique après l'abbé Roy-Pierrefitte, nous dirons seulement que la gracieuse chapelle du xiie siècle n'est aujourd'hui qu'un souvenir. Elle reçut, vers 1287, la dépouille mortelle du chevalier Roger de Brosses, époux de Marguerite de Déols.

Des seigneurs uniquement connus sous le nom de Malval, il ne nous reste, maintenant, que bien peu de chose à dire; en 1249, l'un d'eux, qui tenait encore un fief en Combraille, en rendit hommage à Robert V, comte d'Auvergne (2). Ils furent seigneurs de Châtelus-Malvaleix, paroisse voisine de leur principal fief, et à laquelle il semble qu'ils donnèrent leur nom. Dans l'église de cette petite localité, deux dalles ont conservé les deux épitaphes qui suivent :

1°   *Anno : C : trino : X : m : q : secundo :*
Phelip : Castri : Lucii : Malavalle :
tunc : obiit : dominus : die : veneris : post : epiphaniam :
requiescat : in : pace :

2° *M : ter : C : trina : X : V : fuit : mors peregrina*
tunc : obiit : recte : Delphina : de : Malomonte :
Castri : tunc : domina : Lucii :

(1) Abbé Roy Pierrefitte. *Notice sur Pré-Benoît*, p. 9. *Gallia Christiana : ubi supra*, col. 633.

(2) Bicleuski, *Histoire de la comté d'Auvergne*, éd. 1868, p. 56.

Nous ne saurions dire la date précise de cette alliance ; mais ce que nous pouvons affirmer c'est qu'elle est postérieure à 1365, puisqu'à cette occasion Louis est qualifié seigneur de Château-Clos et que ce fief lui venait de la succession d'Héliotte de Prie, qui, on l'a vu, lui légua tous ses biens.

Il eut une fille nommée Marguerite, qui porta dans la maison de Brosses ses vastes domaines, et dont la vie fut relativement féconde en événements.

§ II. *Seigneurs de Brosses.*

Pierre II de Brosses avait épousé, antérieurement à 1400, Marguerite de Malval. Le début de cette union est signalé par la fondation du couvent de Bois-Féru, dont Louis de Malval et Galienne avaient donné l'emplacement ; mais un fait certain, c'est que les lettres patentes indispensables pour l'édification de cet établissement datent du dernier juin 1400. De même, c'est bien Pierre II de Brosses qui fit construire l'élégante chapelle où se voient ses armes, sur le meneau central d'une fenêtre divisée en quatre baies, avec un quatrefeuille et plusieurs rosaces dans l'amortissement. Le plan de cette chapelle est un simple rectangle ; son portail à cintre surhaussé est orné d'un écusson qui paraît n'avoir jamais été sculpté. Les murs sont ajourés de trois fenêtres identiques à celle que nous venons de décrire ; mais une particularité à signaler, c'est que dans leur épaisseur ont été placés des vases

cet auteur, Jeanne de Sully, fille d'Ænor de Brosses et de N. de Sully, aurait épousé *Ambert* de Malval et donné le jour à Contarde et à Dauphin. (Éd. 1712, t. I., p. 582.)

Du mariage de ce Philippe avec Dauphine de Maumont, mariage qu'indique un titre de 1334, naquirent :

1° Dauphin, qui contracta mariage avec Alix d'Aubusson, fille de Guy, baron de la Borne, et de Marguerite de Ventadour.

2° Philippe, chevalier, seigneur de Janaillac, que l'on rencontre en 1334 (1). On ne sait rien de particulier sur son compte, et dès ce moment la généalogie n'est plus qu'une série de lacunes.

Dom Col (2), cependant, et le père Anselme (3) font mention de Louis de Mallevalle. Il était gouverneur de la Marche, et chez lui se réfugia pour y mourir, en janvier 1365, sa parente (4) Héliotte de Prie, dame de Chateau-Clos, qui lui laissa ses terres.

Elle avait épousé, en secondes noces, Artaut d'Ussel, des Marches de Bourgogne, à qui elle avait donné son château du Boschet, dont ils furent chassés l'un et l'autre : Artaut, en punition de nombreux méfaits et d'une alliance avec les Anglais, son épouse, à cause de ses mauvais comportements.

Louis de Malval que nous venons de rencontrer donnant l'hospitalité à Héliotte de Prie, avait épousé Galienne de Malval, sa parente, fille de Dauphin et d'Alix d'Aubusson la Borne (5).

(1) *Nobiliaire* du Limousin, t. III, p. 148.

(2) Page 148, n° 148.

(3) P. Anselme, éd. 1712, t. II, p. 1414.

(4) Nous n'avons pu établir cette parenté. Ce que nous savons, c'est que Pierre de Naillac, seigneur de Gargilesse, fut le premier mari de cette Héliotte que le *Nobiliaire* du Limousin (*ubi suprà*) fait à la page 391, mourir en 1363, et en 1365 à la page 269.

(5) Le Père Anselme établit autrement cette filiation ; d'après

acoustiques, ce qui est, croyons-nous, assez rare dans une chapelle de si faible impertance (1).

Marguerite de Malval devint veuve en 1422. Elle était mère de Jean I de Brosses, qui fut maréchal de France; marié le 14 août 1419 à Jeanne de Naillac (2), il mourut en 1433, et la tutelle de ses enfants fut confiée à sa mère, qui ne la garda que très-peu de temps, car elle lui fut enlevée par lettre royale du 13 janvier 1435 pour le fait de malversations sans cesse renouvelées, et qui lui causèrent des déboires dont fait foi une lettre de rémission de Louis XI en date de novembre 1462 :

« Loys..... Nous avons reçue l'umble supplicacion de nostre amé et féal Hugues de Chambourant, chevalier seigneur de La Vaulx, contenant que dès sa jeunesse il a servi feu nostre très cher seigneur et père que Dieu absoille et nous en la compagnie du feu maréchal de Boussac.... et depuis ledit suppliant étant au service de madame de Malval, mère dudit feu maréchal et tuteresse et baillestre des enfants d'icelui maréchal et de leurs biens, se meurent plusieurs noises, controverses et débats entre elle et feu Loys de Culant, lors admirail de France, par lequel adimirail ou autres ses gens et commis a ce fut prins le Chastel et place dudit lieu de Malval, pillé et robé en icelui chastel grand quantité de biens à elle apartenans et

---

(1) Les armes des de Brosses sont : d'azur à trois gerbes d'or liées de gueule et placées deux sur une. — Le couvent de Bois-Féru était occupé par des frères quêteurs, des Cordeliers dont le supérieur était, au moment de la révolution, le frère Puynesge. Par son testament en date du 14 octobre 1668, Mme de Richemont légua au couvent de Bois-Féru une rente perpétuelle de dix livres, et prescrivit un nombre de messes pour le repos de son âme.

(2) *Bulletin monumental : ubi supra.*

audit supliant et autres, et en outre pour ce que ledit
admirail acompagné de grand nombre de gens d'armes et
de traict et de plusieurs autres mit siége devant le chastel
de Boussac, où ladite dame de Malval estoit et qu'il y fit
ou fit faire plusieurs grands assaulx, tellement qu'il
print ladite ville, pour obvier qu'il ne prinst le dit chastel
auquel estoit ladite dame comme dit est, et pour ce aussi
que ses gens qui estoient logés en certaines maisons du
bourg du Pont gardoint que ceux du chastel ne molussent
leurs bleds ès moulins, qui estoient près dudit pont,
ladite dame fist mettre le feu et brusler lesdites maisons,
et de ce faire ledit supliant qui estoit capitaine de ladite
place fut présent avec les autres gens et serviteurs de
ladite dame qui en ce firrent, combien qu'il mit pas ledit
feu (1) ».

Déjà en 1434, lorsque le roi voulut imposer dans la
Marche une somme de 2000 livres tournois, le château de
Malval avait été dévasté, ce qui ne permit aux commis-
saires de ne lever qu'une faible partie de la contribution à
percevoir dans cette châtellenie, ainsi que le démontre un
certificat délivré le 9 décembre 1435 (2) par Bertrand de
Saint-Avit, sénéchal, Jean Barton, chancelier, et Guillaume Piédien, lieut. du sénéchal de la Marche : « Item les
gens de Gautier de Brusac, de Monseigneur de la Gaye,
de Lyonnet d'Aidenins et autres cappitaines de gens
d'armes, ont par aucune bonne espace de temps esté logiez
esdictes terres de madame de Malval ou ilz ont fait moult

---

(1) *Généalogie de Chamborant*, par d'Hozier, *Armorial*,
t. III, p. 76-77, 1ʳᵉ partie. Cette pièce a déjà été publiée par M. de
Cessac dans le compte rendu du Congrès scientifique de Guéret.

(2) Ce certificat coté KGh n° 5, aux Arch. nat., nous a été
transmis par M. A. Thomas, élève de l'École des Chartes.

de maulz, et a ceste cause n'ont pu payer ledit reste. »
(37 l. 10 s. t. sur 380 l.)

D'après Saint-Allais (1), du mariage contracté le
20 août 1419 par Jean I de Brosses, et Jeanne de Naillac,
naquit Jean II de Brosses, qui épousa le 18 juin 1437
Nicole de Blois, qui lui porta le comté de Penthièvre ; il
eut :

Antoine I de Brosses, que notre généalogiste considère
comme l'auteur de la branche des seigneurs de Malval.
Nous ne pousserons pas plus loin cette filiation, qui maintenant n'a plus d'intérêt pour notre étude ; nous dirons
seulement que le dernier de Brosses qui retint le nom de
Malval est Claude IV, qui testa le 27 mai 1741, et qu'il le
retint uniquement comme souvenir d'une possession de
famille, car ce fief passa vers 1575 à la maison de Chastaignier, dont il nous reste à parler.

VI.

SEIGNEURS DE LA MAISON DE CHASTAIGNIER
ET COSEIGNEURS.

Nous avons dit, en terminant le précédent chapitre, que
la maison de Chastaignier succéda à celle de Brosses dans
la possession de la seigneurie de Malval ; mais, sur l'ori-
gine de ce changement de propriétaires, il est difficile
d'émettre une opinion certaine ; en effet, André Du-

(1) *Nobiliaire universel de France*, éd. Bachelin-Deflorenne,
t. III, p. 110-115.

chesne (1) n'indique pas d'alliance entre ces deux familles, ce qui éloigne la pensée d'un apport dotal.

Est-ce par suite d'une vente? il n'en subsiste aucune trace, et il est permis de supposer que le généalogiste aurait connu ou indiqué le contrat comme il le fait pour tant d'autres actes. Une solution se présente, toutefois, à l'esprit et nous semble quelque peu sérieuse : c'est le retrait féodal; ce droit de confiscation pouvait s'exercer chaque fois qu'en cas de mutation de seigneur ou de vassal, le successeur n'avait pas, dans les quarante jours, satisfait à la formalité obligatoire de l'acte de foi et hommage (2). Le seigneur qui s'était soustrait à cette obligation pouvait voir, dès lors, son suzerain lui retirer le fief qu'il était libre de céder à un vassal plus agréable; car certaines coutumes reconnaissent, et entre autres, celles de Melun, Mantes, Bourbonnais, Marche et Auvergne, que le retrait féodal est cessible (3).

De ce qui précède nous concluons donc que la seigneurie de Malval dut être saisie féodalement sur le dernier de Brosses entre les mains duquel nous l'avons rencontrée, et qui probablement s'était dispensé d'en rendre foi et hom-

(1) Généalogie de la maison de Chastaignier. Ils furent seigneur de la Roche-Posay; barons de Preuilly et de Malval, etc. La date d'érection de Malval n'est pas connue, mais n'est pas antérieure à 1571; elle lui est même postérieure; car dans l'acte de foi-hommage du 5 octobre 1571 (c'est par erreur qu'il a été mis 1591 à la note 2 de la page 248 du *Bulletin monumental*), Louis Chastaignier se qualifie *simplement* seigneur de Malval.

(2) Claude Pocquet de Livonière : *Traité des fiefs*, 1771, p. 25. Coutumes d'Anjou, art. 125, du Maine, art. 135, de Paris, art. 3-65 et autres.

(3) *Ubi suprà*, p. 412.

mage, et qu'elle fut cédée à Louis Chastaignier, septième fils de Jean III et de Claude de Montléon (1). Il est le premier de ce nom qui fut seigneur de Malval, et si son acte de foi, hommage et dénombrement corrobore l'hypothèse que nous avons développée, il implique aussi que c'est dans le courant de cette même année 1571 qu'il devint propriétaire.

Dans ce document, Louis Chastaignier, gouverneur de la haute et basse Marche, reconnaît tenir de « très-haut et très-puissant prince monseigneur Henri, fils et fraire du Roy, duc d'Anjou, de Bourbonnais, d'Auvergne, comte de Forest, des haultes et basses Marches, Quercy Rouergue et Montfort Lamaury et lieutenant général dudict seigneur Roy, » la baronnie de Malval, dont il désigne les éléments constitutifs. Il fait connaître l'étendue et le rendement de ses terres, la quantité de grains divers que la dîme lui donnait, les charges pécuniaires et les corvées auxquelles ses gens étaient tenus vis-à-vis de lui; mais ce que nous remarquons de plus intéressant dans cette nomenclature, c'est l'énumération des fiefs qui ressortissaient à sa juridiction ; il avait, en effet, droit de haute, moyenne et basse justice sur quatre paroisses entières, partie de quatre autres et une vingtaine de justices subalternes, plus, sur tous ses vassaux, le droit de justice supérieure.

Au sujet de ce droit de haute justice, il nous semble bon de retracer rapidement la liste des principaux avantages qui indemnisaient le seigneur haut justicier de ses fonctions importantes par la multiplicité et la gravité des causes dont il pouvait connaître. Parmi les plus importants priviléges inhérents à ce droit, il convient de

(1) Père Anselme, éd. 1712, t. II, p. 1665.

citer celui de succéder, dans l'étendue de sa justice,
dans certains cas et dans des conditions spécifiées aux
bâtards, de retenir les immeubles des individus décédés
sans héritiers testamentaires ou ab intestat, de bénéficier
des biens confisqués (1).

Conformément à un usage alors généralement admis et
qui était même un droit, Louis Chastaignier faisait admi-
nistrer la justice de la baronnie de Malval par un sénéchal, qui avait charge de juge-ordinaire, procureur, greffier et prévôt (2). Il avait aussi, comme tous les seigneurs,
hauts-justiciers, le droit de scel à contrats et de création
de notaires, et prélevait, tant sur ses justiciables ordinaires
que sur ceux de ses vassaux, un droit de foires, bancs et
passage.

Louis Chastaignier ne résidait pas habituellement à
Malval, où il semble qu'il ne vint guère qu'en 1584, sans
doute pour recevoir le serment de fidélité de Loys de
Poyenne, seigneur de Mourtroux (3). En 1590 le roi le
nomma commandant des villes du Blanc, en Berry, de
Saint-Savin, des châteaux et autres lieux qui en dépendaient (4). Les dernières années de sa vie paraissent s'être
surtout écoulées dans les camps; nous le retrouvons, en
effet, aux batailles de Saint-Denis, de la Roche-Abeille et
de Jarnac. Il fut aussi à la journée de Montcontour et au

(1) Boutaric : *Traité des droits seigneuriaux*, éd. 1775,
p. 506.

(2) Terrier de 1575, ms. — Le prévôt avait pour mission de
percevoir les péages et autres droits qui se prélevaient sur les
marchandises. (Boutaric : *Ubi suprà*, p. 652.)

(3) *Bulletin monum.*, p. 251, note. Texte : Appendice .

(4) André Duchesne : *Généalogie de la maison de Chastaignier*, p. 134.

siége de la Rochelle (1). Il mourut le 29 septembre 1595, laissant plusieurs enfants du mariage qu'il avait contracté le 15 janvier 1567 avec Claude du Puy (2).

Dès ce moment la baronnie de Malval ne fit que se démembrer et des alliances nombreuses en portèrent les lambeaux dans des mains diverses. A cette confusion, que nous allons essayer de débrouiller, se mêlèrent aussi, c'est une conséquence même de cet état de division, plusieurs procès dont nous parlerons.

Henry-Louis Chastaignier de la Roche-Posay, succéda à son père; mais, comme il mourut sans avoir été marié, ses droits sur la baronnie de Malval passèrent à son frère Charles, lieutenant général de la Marche et du Poitou. Ils lui furent contestés, sans doute, par son beau-frère Annet d'Aubière, baron de Clairavaux, qui avait épousé en 1614 (3) Françoise Chastaignier, qui paraît n'avoir eu la jouissance que d'une portion de la baronnie. En effet, le Parlement de Paris fut obligé d'intervenir et décida, par arrêt du 3 juilllet 1646, que Charles seul avait les droits de son frère; mais il en réserva l'usufruit à Annet d'Aubières (4). Cette contestation semble provenir de ce que, le 22 décembre 1643, Charles Chastaignier avait vendu à Yves Bertrand, écuyer, seigneur de la Villatte, commandeur en l'Ile-d'Oléron (qui vers 1670 plaida contre les habitants du village de la Chèze) (5), la terre de Malval, sans faire réserve du droit d'usufruit qu'avait Annet d'Aubières. Le Parlement de Paris intervint de

---

(1) Père Anselme, éd. 1712, t. II, p. 1665.
(2) *Bulletin monumental*, p. 249, note 2.
(3) Père Anselme, éd. 1712, t. II, p. 1666.
(4) Archives de la Creuse. B 35. Inventaire, série B. p. 19.
(5) Achives de la Creuse, E 74. Inventaire, série E. p. 12.

nouveau, le 3 août 1647 (1), pour déterminer la portion
dont le vendeur pouvait disposer et mettre un terme
aux prétentions que le mari de Françoise Chastaignier
semblait émettre à la totalité de la baronnie de Malval,
que bientôt nous trouverons presque tout entière entre les
mains de la famille Bertrand; mais disons encore que le
13 janvier 1632 Annet d'Aubières (qui en août 1647 fut
pourvu de la charge de lieutenant général de la Marche)
et Françoise Chastaignier s'étaient fait une donation
mutuelle, sous le scel de Christophe Rouher, garde du scel
de la chancellerie de Montaigut en Combraille (2). Ils
laissèrent une fille, nommée Henriette, à qui demeura la
baronnie, mais grandement démembrée (3). Il ne nous a
pas été possible de découvrir ce qu'elle devint entre ses
mains; car les généalogistes qu'il nous a été permis de
consulter sont muets sur la question de son mariage et ne
disent pas comment elle disposa de sa fortune.

Bien que la première vente que nous ayons vue con-

----

(1) *Ubi suprà* B, 38. Inv., série B, p. 19.

(2) *Ubi suprà*, B 28. Inv. loc. cit. p. 15. Claude Dupuy,
veuve de Louis Chastaignier, avait marié sa nièce Jeanne de
Gamache à Geoffroy de la Chassaigne qui fùt parrain de la cloche
actuellement encore dans l'église de Malval, la maraine fut
Madeleine des Devant, femme de François Auguay, procureur de
la baronnie. L'inscription en gothique carrée est sur deux
lignes :

† Sancte Petre ora pro nobis :
messire Geoffroy de Chassaigne seigneur de Pressac,
vicomte de Chateauclou, parrin.
† 1596 Madellaine des Devant, femme de M. François Auguay,
marrine.

(3) Duchesne, *loc. cit.*, p. 398.

sentie de la seigneurie de Malval date de 1643, il y a lieu de croire qu'il en existe une antérieure, puisqu'en 1579, nous trouvons Annet de Noblet, fils de Jacques, seigneur de Villermont et de Tersillac, et de Marguerite des Moulins, qualifié seigneur de Malval (1), qu'il tenait d'Antoinette Bertrand, avec laquelle il s'était marié le 23 décembre 1576 (2) et dont il y a apparence qu'il n'eut pas d'enfants, puisque la baronnie fit retour aux Bertrand : d'ailleurs, nous l'avons dit (3), la généalogie des de Noblet laisse de nombreuses lacunes que d'Hozier lui-même n'a pas comblées. Il ne dit que peu de mots de leur filiation.

Jusqu'au mois de mai 1685, il ne se passe plus de faits importants à signaler, et les archives ne nous révèlent plus que des procès, ceux auxquels nous avons fait allusion à l'article du prieuré.

D'abord, c'en est un entre Gabriel Bertrand et les frères Léon et Jean Augay (4), anciens fermiers du prieuré, puis celui de 1679 entre Gabriel et Claude Bertrand et que nous rapportons en partie dans notre appendice.

Entre 1670 et 1696, des particuliers cèdent quelques héritages à François Augay, procureur de la baronnie (5); enfin le 3 décembre 1713, Gabriel Bertrand autorise son petit-fils, Gabriel Valéry de Saint-Julien, à prélever sur sa succession une somme de 30,000 livres (6).

(1) Terrier de 1579, ms.
(2) Nobiliaire du Limousin, t. III, p. 279. D'Hozier, registre, t. II. Armorial général des registres de d'Hozier, par E. de Barthélemy, p. 231.
(3) *Bulletin monumental*, p. 255.
(4) Archives de la Creuse, E 52. Inv., série E. p. 9.
(5) *Ubi suprà* E 51, loc. cit.
(6) *Ubi suprà* B 49. Inv., série B, p. 25.

Le 8 mai 1685 la seigneurie de Malval, sans changer de mains, vint à la maison de Saint-Julien, qui joignit son nom à celui de Bertrand par le mariage, de Jean de Saint-Julien, écuyer seigneur de Tarde, avec sa parente, Jeanne Bertrand. Cette alliance fut célébrée, après dispense, dans l'église de Saint-Vaulry (1); et il en naquit Gabriel Valery, qui épousa, le 7 mai 1716, Josephe de la Tour, fille de feu Josph, écuyer et de Marguerite de Saint-Julien (2). Veuve en 1789, elle possédait encore la baronnie de Malval, où elle n'habitait pas.

CONCLUSIONS.

Des circonstances particulières, en nous faisant connaître le peu qui subsiste des archives de la baronnie de Malval, nous ont permis d'en retracer l'histoire, sans doute bien incomplète, que l'on vient de lire. L'étude approfondie et consciencieuse que nous avons faite des documents dont nous nous sommes servi sera notre titre à l'indulgence que nous sollicitons du lecteur.

Ce n'est pas un travail isolé que nous avons voulu faire, ce n'est qu'un chapitre de la statistique monumentale et historique du canton de Bonnat, que les membres de la Société française d'Archéologie visiteront prochainement; qu'ils nous permettent, en terminant, de leur adresser un chaleureux appel en leur demandant d'entreprendre dans chaque département un travail analogue à celui que nous commençons. Les archives locales leur seront d'un

(1) Nobiliaire du Limousin, t. II, p. 172.
(2) Archives de la Creuse, B 40. Inv. B, p. 25.

utile concours ; et lorsque dans chaque département on aura retracé l'histoire de chaque canton et de chaque monument, quand on l'aura retracée avec fidélité et impartialité, on aura, pour le moyen âge encore trop ignoré, des éléments d'étude qui manquent trop souvent, et notre histoire nationale sera bien près d'être mieux connue.

TOURS. — IMP. PAUL BOUSEREZ.